D1570312

Persistencia
Recorrido
Complicidad
Metas
Carretera
Elecciones
Confianza
Fuerza
Compromiso
Encuentro
Expectativa
Superación

DATOS PERSONALES

NOMBRE

APELLIDOS

DOMICILIO

TELÉFONO   MÓVIL

E-MAIL

DIRECCIÓN PROFESIONAL

TELÉFONO/FAX

E-MAIL

PÁGINA WEB

MÉDICO DE CABECERA   TELÉFONO

GRUPO SANGUÍNEO RH   ALERGIAS

VACUNA   VÁLIDA HASTA

VACUNA   VÁLIDA HASTA

VACUNA   VÁLIDA HASTA

PASAPORTE   VÁLIDO HASTA

EXPEDIDO EN   FECHA

VISA   VÁLIDA HASTA

VISA   VÁLIDA HASTA

PERMISO DE CONDUCIR   VÁLIDO HASTA

MATRÍCULA DEL AUTO   MATRÍCULA DE LA MOTO

CUENTA BANCARIA

DONANTE DE ÓRGANOS   SÍ ☐ NO ☐

SEGURO MÉDICO

SEGURO DE VIAJE

EN CASO DE ACCIDENTE AVISAR A

PAULO COELHO

CAMINOS

2019

Vintage Español
Una división de Penguin Random House LLC
Nueva York

© Paul Macleod

CAMINOS

El paisaje varía, la gente cambia, las necesidades
se transforman, pero el tren sigue adelante.
La vida es el tren, no la estación.

ALEPH

2019

ENERO

D	L	M	M	J	V	S
1		**1**	2	3	4	5
2	**6**	7	8	9	10	11	12
3	**13**	14	15	16	17	18	19
4	**20**	**21**	22	23	24	25	26
5	**27**	28	29	30	31		

1 Año Nuevo
21 Día de Martin
Luther King

FEBRERO

D	L	M	M	J	V	S
5					1	2
6	**3**	4	5	6	7	8	9
7	**10**	11	12	13	14	15	16
8	**17**	**18**	19	20	21	22	23
9	**24**	25	26	27	28		

18 Día del Presidente

MARZO

D	L	M	M	J	V	S
9						1	2
10	**3**	4	5	6	7	8	9
11	**10**	11	12	13	14	15	16
12	**17**	18	19	20	21	22	23
13	**24**	25	26	27	28	29	30
14	**31**						

ABRIL

D	L	M	M	J	V	S
14		1	2	3	4	5	6
15	**7**	8	9	10	11	12	13
16	**14**	15	16	17	18	**19**	20
17	**21**	22	23	24	25	26	27
18	**28**	29	30				

19 Viernes Santo
21 Domingo de Pascua

MAYO

D	L	M	M	J	V	S
18			**1**	2	3	4
19	**5**	6	7	8	9	10	11
20	**12**	13	14	15	16	17	18
21	**19**	20	21	22	23	24	25
22	**26**	**27**	28	29	30	31	

12 Día de la Madre
27 Día de Conmemoración
(Memorial Day)

JUNIO

D	L	M	M	J	V	S
22						1
23	**2**	3	4	5	6	7	8
24	**9**	4	11	12	13	14	15
25	**16**	17	18	19	20	21	22
26	**23**	24	25	26	27	28	29
27	**30**						

16 Día del Padre

JULIO

D	L	M	M	J	V	S
27		1	2	3	**4**	5	6
28	**7**	8	9	10	11	12	**13**
29	**14**	15	16	17	18	19	20
30	**21**	22	23	24	25	26	27
31	**28**	29	30	31			

4 Día de Independencia

AGOSTO

D	L	M	M	J	V	S
31				1	2	3
32	**4**	5	6	7	8	9	10
33	**11**	12	13	14	15	16	17
34	**18**	19	20	21	22	23	24
35	**25**	26	27	28	29	30	31

SEPTIEMBRE

D	L	M	M	J	V	S
35							
36	**1**	**2**	3	4	5	6	7
37	**8**	9	10	11	12	13	14
38	**15**	16	17	18	19	20	21
39	**22**	23	24	25	26	27	28
40	**29**	30					

2 Día del Trabajo (Labor Day)

OCTUBRE

D	L	M	M	J	V	S
40		1	2	3	4	5
41	**6**	7	8	9	10	11	**12**
42	**13**	**14**	15	16	17	18	19
43	**20**	21	22	23	24	25	26
44	**27**	28	29	30	31		

14 Día de la Hispanidad
(Columbus Day)

NOVIEMBRE

D	L	M	M	J	V	S
44					1	2
45	**3**	4	5	6	7	8	9
46	**10**	**11**	12	13	14	15	16
47	**17**	18	19	20	21	22	23
48	**24**	25	26	27	**28**	29	30

11 Día de los Veteranos
de Guerra
28 Día de Acción de Gracias

DICIEMBRE

D	L	M	M	J	V	S
48							
49	**1**	2	3	4	5	6	7
50	**8**	9	10	11	12	13	14
51	**15**	16	17	18	19	20	21
52	**22**	23	24	**25**	26	27	28
1	**29**	30	31				

25 Navidad

2020

ENERO

D	L	M	M	J	V	S
1			**1**	2	3	4
2	**5**	6	7	8	9	10	11
3	**12**	13	14	15	16	17	18
4	**19**	20	**21**	22	23	24	25
5	**26**	27	28	29	30	31

1 Año Nuevo
20 Día de Martin
Luther King

FEBRERO

D	L	M	M	J	V	S
5						1
6	**2**	3	4	5	6	7	8
7	**9**	10	11	12	13	14	15
8	**16**	**17**	18	19	20	21	22
9	**23**	24	25	26	27	28	29

17 Día del Presidente

MARZO

D	L	M	M	J	V	S
9							
10	**1**	2	3	4	5	6	7
11	**8**	9	10	11	12	13	14
12	**15**	16	17	18	19	20	21
13	**22**	23	24	25	26	27	28
14	**29**	30	31

ABRIL

D	L	M	M	J	V	S
14				1	2	3	4
15	**5**	6	7	8	9	**10**	11
16	**12**	13	14	15	16	17	18
17	**19**	20	21	22	23	24	25
18	**26**	27	28	29	30

10 Viernes Santo
12 Domingo de Pascua

MAYO

D	L	M	M	J	V	S
18						1	2
19	**3**	4	5	6	7	8	9
20	**10**	11	12	13	14	15	16
21	**17**	18	19	20	21	22	23
22	**24**	**25**	26	27	28	29	30
23	**31**

10 Día de la Madre
25 Día de Conmemoración
(Memorial Day)

JUNIO

D	L	M	M	J	V	S
23		1	2	3	4	5	6
24	**7**	8	9	10	11	12	13
25	**14**	15	16	17	18	19	20
26	**21**	22	23	24	25	26	27
27	**28**	29	30

21 Día del Padre

JULIO

D	L	M	M	J	V	S
27			1	2	3	**4**
28	**5**	6	7	8	9	10	11
29	**12**	13	14	15	16	17	18
30	**19**	20	21	22	23	24	**25**
31	**26**	27	28	29	30	31

4 Día de Independencia

AGOSTO

D	L	M	M	J	V	S
31						1
32	**2**	3	4	5	6	7	8
33	**9**	10	11	12	13	14	15
34	**16**	17	18	19	20	21	22
35	**23**	24	25	26	27	28	29
36	**30**	31

SEPTIEMBRE

D	L	M	M	J	V	S
36		1	2	3	4	5
37	**6**	**7**	8	9	10	11	12
38	**13**	14	15	16	17	18	19
39	**20**	21	22	23	24	25	26
40	**27**	28	29	30

7 Día del Trabajo (Labor Day)

OCTUBRE

D	L	M	M	J	V	S
40				1	2	3
41	**4**	5	6	7	8	9	10
42	**11**	**12**	13	14	15	16	17
43	**18**	19	20	21	22	23	24
44	**25**	26	27	28	29	30	**31**

12 Día de la Hispanidad
(Columbus Day)

NOVIEMBRE

D	L	M	M	J	V	S
44							
45	**1**	2	**3**	4	5	6	7
46	**8**	9	10	**11**	12	13	14
47	**15**	16	17	18	19	20	21
48	**22**	23	24	25	**26**	27	**28**
49	**29**	30

3 Elecciones Presidenciales USA
11 Día de los Veteranos
de Guerra
26 Día de Acción de Gracias

DICIEMBRE

D	L	M	M	J	V	S
49			1	2	3	4	5
50	**6**	7	8	9	10	11	12
51	**13**	14	15	16	17	18	19
52	**20**	21	22	23	24	**25**	26
53	**27**	28	29	30	31

25 Navidad

PLANNING ANUAL **2019**

ENERO			FEBRERO			MARZO		
M	1		V	1		V	1	
M	2		S	2		S	2	
J	3		D	**3**		D	**3**	
V	4		L	4	●	L	4	
S	5		M	5		M	5	
D	**6**	●	M	6		M	**6**	●
L	7		J	7		J	7	
M	8		V	8		V	8	
M	9		S	9		S	9	
J	10		D	**10**		D	**10**	
V	11		L	11		L	11	
S	12		M	12	◑	M	12	
D	**13**		M	13		M	13	
L	14	◐	J	14		J	14	◐
M	15		V	15		V	15	
M	16		S	16		S	16	
J	17		D	**17**		D	**17**	
V	18		L	18		L	18	
S	19		M	19	○	M	19	
D	**20**		M	20		M	20	
L	21	○	J	21		J	21	○
M	22		V	22		V	22	
M	23		S	23		S	23	
J	24		D	**24**		D	**24**	
V	25		L	25		L	25	
S	26		M	26	◑	M	26	
D	**27**	◑	M	27		M	27	
L	28		J	28		J	28	◑
M	29					V	29	
M	30					S	30	
J	31					D	**31**	

ABRIL		
L	1	
M	2	
M	3	
J	4	
V	5	●
S	6	
D	**7**	
L	8	
M	9	
M	10	
J	11	
V	12	◑
S	13	
D	**14**	
L	15	
M	16	
M	17	
J	18	
V	19	○
S	20	
D	**21**	
L	22	
M	23	
M	24	
J	25	
V	26	
S	27	◐
D	**28**	
L	29	
M	30	

MAYO		
M	1	
J	2	
V	3	
S	4	
D	**5**	●
L	6	
M	7	
M	8	
J	9	
V	10	
S	11	
D	**12**	◑
L	13	
M	14	
M	15	
J	16	
V	17	
S	18	○
D	**19**	
L	20	
M	21	
M	22	
J	23	
V	24	
S	25	
D	**26**	◐
L	27	
M	28	
M	29	
J	30	
V	31	

JUNIO		
S	1	
D	**2**	
L	3	●
M	4	
M	5	
J	6	
V	7	
S	8	
D	**9**	
L	10	◑
M	11	
M	12	
J	13	
V	14	
S	15	
D	**16**	
L	17	○
M	18	
M	19	
J	20	
V	21	
S	22	
D	**23**	
L	24	
M	25	◐
M	26	
J	27	
V	28	
S	29	
D	**30**	

PLANNING ANUAL **2019**

JULIO

L	1
M	2 
M	3
J	4
V	5
S	6
D	**7**
L	8
M	9 ◑
M	10
J	11
V	12
S	13
D	**14**
L	15
M	16 ○
M	17
J	18
V	19
S	20
D	**21**
L	22
M	23
M	24
J	25 ◐
V	26
S	27
D	**28**
L	29
M	30
M	31

AGOSTO

J	1 ●
V	2
S	3
D	**4**
L	5
M	6
M	7 ◑
J	8
V	9
S	10
D	**11**
L	12
M	13
M	14
J	15 ○
V	16
S	17
D	**18**
L	19
M	20
M	21
J	22
V	23 ◐
S	24
D	**25**
L	26
M	27
M	28
J	29
V	30 ●
S	31

SEPTIEMBRE

D	**1**
L	2
M	3
M	4
J	5
V	6 ◑
S	7
D	**8**
L	9
M	10
M	11
J	12
V	13
S	14 ○
D	**15**
L	16
M	17
M	18
J	19
V	20
S	21
D	**22** ◐
L	23
M	24
M	25
J	26
V	27
S	28 ●
D	**29**
L	30

OCTUBRE

M	1
M	2
J	3
V	4
S	5 ◗
D	**6**
L	7
M	8
M	9
J	10
V	11
S	12
D	**13** ○
L	14
M	15
M	16
J	17
V	18
S	19
D	**20**
L	21 ◗
M	22
M	23
J	24
V	25
S	26
D	**27**
L	28 ●
M	29
M	30
J	31

NOVIEMBRE

V	1
S	2
D	**3**
L	4 ◖
M	5
M	6
J	7
V	8
S	9
D	**10**
L	11
M	12 ○
M	13
J	14
V	15
S	16
D	**17**
L	18
M	19 ◖
M	20
J	21
V	22
S	23
D	**24**
L	25
M	26 ●
M	27
J	28
V	29
S	30

DICIEMBRE

D	**1**
L	2
M	3
M	4 ◖
J	5
V	6
S	7
D	**8**
L	9
M	10
M	11
J	12 ○
V	13
S	14
D	**15**
L	16
M	17
M	18
J	19 ◖
V	20
S	21
D	**22**
L	23
M	24
M	25
J	26 ●
V	27
S	28
D	**29**
L	30
M	31

ENERO

Persistencia

Pensé en desistir, creí que Dios ya no me escuchaba,
muchas veces tuve que cambiar de rumbo y,
en otras ocasiones, abandoné mi camino.
Pero, a pesar de todo, volví y seguí adelante, porque
estaba convencido de que no había otra manera
de vivir mi vida.

EL MANUSCRITO ENCONTRADO EN ACCRA

---

1 | Martes

Tarde o temprano tenemos que vencer nuestros miedos,
pues el camino espiritual se hace mediante
la experiencia diaria del amor.

A ORILLAS DEL RÍO PIEDRA ME SENTÉ Y LLORÉ

2 Miércoles

3 Jueves

4 | Viernes

5 | Sábado

6 Domingo

¿Qué es un maestro? No es el que enseña algo,
sino el que inspira al alumno a dar lo mejor de si mismo
y descubrir un conocimiento que ya está en su alma.

EL CAMINO DEL ARCO

7 | Lunes

_____

8 | Martes

_____

Cuando estamos delante de situaciones desagradables
que no logramos superar, conviene relajarnos.
El Universo sigue trabajando para nosotros en secreto.

MAKTUB – SITUACIONES DE LA VIDA

9 | Miércoles

10 | Jueves

11 Viernes

12 Sábado

13 Domingo

Hay momentos en que las tribulaciones se presentan
en nuestras vidas y no podemos evitarlas.
Pero están allí por algún motivo.

LA QUINTA MONTAÑA

14 Lunes

_____

15 Martes

_____

Lo único que él sabía que funcionaba era la prueba
de la persistencia y del coraje de quien busca su
Leyenda Personal. Por eso no podía apresurarse,
ni impacientarse.

EL ALQUIMISTA

16 Miércoles

17 Jueves

18 Viernes

19 Sábado

20 | Domingo

Las cosas importantes siempre quedan; lo que se va
son las cosas que juzgábamos importantes, pero que
son inútiles, como el falso poder de controlar
la energía del amor.

EL ZAHIR

21 | Lunes

22 | Martes

El Paraíso es poder decir en ese momento:
«He cometido algunos errores pero no he sido cobarde.
He vivido mi vida y he hecho lo que debía hacer».

ALEPH

23 Miércoles

24 Jueves

25 Viernes

26 Sábado

27 Domingo

Acepta sin pesar los momentos difíciles y no se deja
engañar por los momentos de gloria.

EL MANUSCRITO ENCONTRADO EN ACCRA

28 Lunes

29 Martes

Aprendió cosas que jamás había soñado
aprender a través del amor; la espera, el miedo,
y la aceptación.

BRIDA

30 Miércoles

31 Jueves

FEBRERO

Recorrido

Hay etapas tediosas durante este recorrido, y el secreto consiste en convertir esas etapas en un encuentro con uno mismo.

LA BRUJA DE PORTOBELLO

1 | Viernes

2 | Sábado

3 Domingo

Lo inevitable siempre sucede.
Es preciso disciplina y paciencia para superarlo.

LA QUINTA MONTAÑA

4 Lunes

5 Martes

El camino del arco es el camino de la alegría
y del entusiasmo, de la percepción y del error,
de la técnica y del instinto, pero lo aprenderás a medida
que vayas lanzando tus flechas.

EL CAMINO DEL ARCO

6 Miércoles

7 Jueves

8 Viernes

9 Sábado

10 Domingo

Siempre hay un momento exacto para actuar.

ALEPH

11 Lunes

12 Martes

Estaba aprendiendo varias cosas nuevas. Cosas que él
ya había experimentado y que, sin embargo, eran nuevas
porque habían pasado por él sin notarlas.

EL ALQUIMISTA

13 Miércoles

14 Jueves

15 | Viernes

16 | Sábado

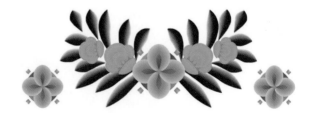

17 | Domingo

Cuando nos encontramos en el camino correcto,
seguimos las señales, y cuando damos un paso en falso,
la Divinidad viene en nuestro socorro para evitar
que cometamos un error.

EL ZAHIR

18 Lunes

19 Martes

El guerrero no tiene dudas; sigue una fórmula infalible.
«Por los frutos conoceréis el árbol», dijo Jesús.
Él sigue esta regla, y no yerra nunca.

MANUAL DEL GUERRERO DE LA LUZ

20 | Miércoles

21 | Jueves

22 | Viernes

---

23 | Sábado

24 Domingo

En vez de pasar la vida entera destruyendo
los caminos que temía seguir, empieza a amar
el que está recorriendo.

EL MANUSCRITO ENCONTRADO EN ACCRA

25 Lunes

26 Martes

Cuando se viaja en pos de un objetivo, es muy
importante prestar atención al Camino. El Camino
es el que nos enseña la mejor forma de llegar y nos
enriquece mientras lo estamos cruzando.

EL PEREGRINO DE COMPOSTELA (DIARIO DE UN MAGO)

27 | Miércoles

28 | Jueves

MARZO

Complicidad

Cuando renunciamos a nuestros sueños
y encontramos la paz, lo que queríamos evitar
en el combate —la decepción y la derrota— pasa a ser
el único legado de nuestra cobardía.

**EL PEREGRINO DE COMPOSTELA
(DIARIO DE UN MAGO)**

1 Viernes

2 Sábado

3 | Domingo

La libertad absoluta no existe; lo que existe es la libertad
de escoger cualquier cosa, y a partir de ahí
comprometerse con esa decisión.

EL ZAHIR

4 | Lunes

_____

5 | Martes

_____

Y los guerreros de la luz jamás aceptan
lo que es inaceptable.

MANUAL DEL GUERRERO DE LA LUZ

6 Miércoles

7 Jueves

8 Viernes

9 Sábado

10 | Domingo

Antes de empezar algo, busca aliados,
gente que se interesa por lo que haces.

EL CAMINO DEL ARCO

11 | Lunes

12 | Martes

Lo importante era dejar la herida al aire
para que el sol la purificase y el agua
de la lluvia la lavase.

LA ESPÍA

13 | Miércoles

14 | Jueves

15 Viernes

16 Sábado

17 | Domingo

Cuando atrasamos la cosecha, los frutos se pudren,
pero cuando atrasamos los problemas,
no paran de crecer.

LA QUINTA MONTAÑA

18 Lunes

19 Martes

Vivir es experimentar. Y no quedarse
pensando en el sentido de la vida.

ALEPH

20 | Miércoles

21 | Jueves

22 Viernes

23 Sábado

24 Domingo

Para tener una vida espiritual, uno no necesita entrar
en un seminario, ni tiene que hacer ayuno, abstinencia
y castidad. Basta con tener fe y aceptar a Dios.

A ORILLAS DEL RÍO PIEDRA ME SENTÉ Y LLORÉ

25 Lunes

---

26 Martes

Porque temía a Dios y sabía que el camino
recorrido en su vida era una bendición que debía
respetar, o podría perderlo todo.

E L   V E N C E D O R   E S T Á   S O L O

27 Miércoles

28 Jueves

29 Viernes

30 Sábado

31 Domingo

La vida es un acto de fe.

BRIDA

ABRIL

Metas

Soñar no es tan simple como parece. Al contrario, puede ser peligroso. Cuando soñamos, ponemos en marcha poderosas energías y ya no podemos ocultarnos a nosotros mismos el verdadero sentido de nuestra vida. Cuando soñamos, también elegimos el precio que debemos pagar.

ADULTERIO

1 Lunes

2 Martes

No sé cuánto va a durar este sueño, pero decido vivir
cada momento como si fuese el último.

EL ZAHIR

3 | Miércoles

4 | Jueves

5 | Viernes

6 | Sábado

7 Domingo

Contempla las cosas simples de la vida como
una bendición, no como una maldición.

ADULTERIO

8 Lunes

9 Martes

Aprende a seguir tu destino
con alegría, sea cual sea.

LA ESPÍA

10 Miércoles

11 Jueves

12 | Viernes

13 | Sábado

14 Domingo

Un guerrero de la luz piensa en la guerra y en la paz
al mismo tiempo, y sabe actuar de acuerdo
con las circunstancias.

MANUAL DEL GUERRERO DE LA LUZ

15 Lunes

16 Martes

Nadie está pensando en lo que ha dejado atrás,
sino en lo que se encontrará por delante.

A L E P H

17 Miércoles

18 Jueves

19 | Viernes

20 | Sábado

21 Domingo

Siempre que fui rebelde, buscaba un nuevo camino
y eso era positivo. Pero siempre que fui arrogante,
pensando que los viejos no sabían nada, dejé
de aprender muchas cosas.

COLUMNA PERIODÍSTICA – LOS SECRETOS DEL SÓTANO

22 Lunes

23 Martes

Debemos tener un objetivo muy claro
a la hora de dar cualquier paso.

ADULTERIO

24 Miércoles

25 Jueves

26 | Viernes

27 | Sábado

28 Domingo

Aunque significase partida, soledad, y tristeza,
el amor valía cada céntimo de su precio.

A ORILLAS DEL RÍO PIEDRA ME SENTÉ Y LLORÉ

29 Lunes

30 Martes

Las cosas empiezan a encajar con absoluta perfección
cuando estamos concentrados en lo que queremos.

A L E P H

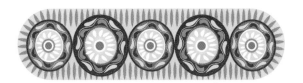

MAYO

Carretera

No es fácil ni importante volver al pasado
y reabrir las cicatrices de allí. La única justificación
es saber que ese conocimiento me va a ayudar
a entender mejor el presente.

ALEPH

Cada camino es único,
y cada destino es personal.

L A   B R U J A   D E   P O R T O B E L L O

1 | Miércoles

2 | Jueves

3 Viernes

4 Sábado

5 | Domingo

El objetivo puede ser grande o pequeño,
estar muy lejos o al lado de casa, pero va en su busca
con respeto y honor. Sabe lo que significa cada paso
y cuánto esfuerzo, entrenamiento e intuición le costó.

EL MANUSCRITO ENCONTRADO EN ACCRA

6 Lunes

7 Martes

En este momento, repaso mi vida y comprendo
que la memoria es un río que siempre corre hacia atrás.

LA ESPÍA

8 | Miércoles

9 | Jueves

10 Viernes

11 Sábado

12 Domingo

Siempre hay que saber cuándo una etapa llega a su fin.
Cerrando ciclos, cerrando puertas, terminando capítulos;
no importa el nombre que le demos, lo que importa
es dejar en el pasado los momentos de la vida
que ya se han acabado.

EL ZAHIR

13 Lunes

14 Martes

Las personas enamoradas acaban contagiando
el ambiente en el que viven.

LA BRUJA DE PORTOBELLO

15 Miércoles

16 Jueves

17 | Viernes

18 | Sábado

19 Domingo

Por más difícil que sea su objetivo, siempre existe
una manera de superar los obstáculos. Él verifica
los caminos alternativos, afila su espada, procura llenar
su corazón con la perseverancia necesaria para
enfrentarse al desafío.

MANUAL DEL GUERRERO DE LA LUZ

20 | Lunes

21 | Martes

Las grandes lecciones que aprendí fueron
precisamente aquellas que los viajes me enseñaron.

ALEPH

22 | Miércoles

23 | Jueves

24 Viernes

25 Sábado

26 Domingo

Ahora que he encontrado mi camino,
no habrá momentos difíciles. Creo que tengo
una misión que cumplir.

LA BRUJA DE PORTOBELLO

27 Lunes

28 Martes

Quién me permitiera ser como el viento,
que nadie sabe de dónde viene ni hacia dónde
va y cambia de dirección sin tener que darle
explicaciones a nadie.

EL MANUSCRITO ENCONTRADO EN ACCRA

29 Miércoles

30 Jueves

31 Viernes

No tengas miedo; la única manera de evitar
ese sufrimiento sería negarse a amar.

EL ZAHIR

JUNIO

Elecciones

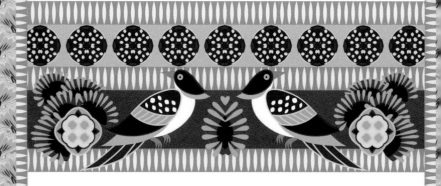

El amor puede ser construido
y no simplemente descubierto.

LA BRUJA DE PORTOBELLO

1 | Sábado

2 Domingo

Independientemente de nuestras faltas y defectos,
el Camino Espiritual es más fuerte. Dios es amor,
generosidad y perdón.

VALQUIRIAS

3 | Lunes

4 | Martes

Nuestro tiempo en esta tierra es sagrado,
y debemos celebrar cada momento.

LA BRUJA DE PORTOBELLO

5 | Miércoles

6 | Jueves

7 Viernes

8 Sábado

9 | Domingo

Cuando todos los días parecen iguales es porque
las personas han dejado de percibir las cosas buenas
que aparecen en sus vidas siempre
que el sol cruza el cielo.

EL ALQUIMISTA

10 Lunes

---

11 Martes

El guerrero de la luz sabe que es imposible vivir
en estado de completa relajación.

MANUAL DEL GUERRERO DE LA LUZ

12 Miércoles

13 Jueves

14 Viernes

15 Sábado

16 Domingo

Únete a los que realizan su trabajo
con entusiasmo.

EL CAMINO DEL ARCO

17 | Lunes

18 | Martes

¿Por qué vemos la paja en el ojo ajeno y no vemos
las montañas, los campos y los olivares?

A ORILLAS DEL RÍO PIEDRA ME SENTÉ Y LLORÉ

19 Miércoles

20 Jueves

21 Viernes

22 Sábado

23 | Domingo

El verdadero camino de la sabiduría ha de tener
una aplicación práctica en la vida, de lo contrario
la sabiduría se vuelve algo inútil y se pudre
como una espada que no fue nunca utilizada.

EL PEREGRINO DE COMPOSTELA (DIARIO DE UN MAGO)

24 Lunes

25 Martes

¿Por qué queremos vivir para siempre? Porque
queremos vivir un día más con la persona que está
a nuestro lado. Porque queremos seguir con alguien
que merezca nuestro amor y que sepa amarnos como
nos merecemos. Porque vivir es amar.

ADULTERIO

26 Miércoles

27 Jueves

28 | Viernes

29 | Sábado

30 | Domingo

Los desafíos que habían surgido en su camino, todos
esos meses conviviendo sólo consigo mismo le habían
enseñado que hay un momento para dejarlo todo.

O N C E   M I N U T O S

JULIO

Confianza

Descubrimos que algo está mal planificado
solo cuando llegamos a sus últimas consecuencias.
O cuando Dios misericordioso nos guía
en otra dirección.

EL VENCEDOR ESTÁ SOLO

1 Lunes

2 Martes

Un guerrero de la luz sabe lo que quiere,
y no necesita dar explicaciones.

MANUAL DEL GUERRERO DE LA LUZ

3 Miércoles

4 Jueves

5 Viernes

6 Sábado

7 | Domingo

El que no lo acepte y trate de buscar siempre
una explicación para las mágicas y misteriosas
relaciones humanas se perderá lo mejor
que la vida puede ofrecerle.

ADULTERIO

JULIO

8 Lunes

9 Martes

No hay que subir una montaña
para saber que es alta.

ALEPH

10 | Miércoles

11 | Jueves

12 | Viernes

13 | Sábado

14 Domingo

No debemos juzgar a la gente sin aprender
a escucharla y a respetarla previamente.

EL CAMINO DEL ARCO

15 Lunes

16 Martes

¿Alguien te ha enseñado a amar alguna vez?
¿Cómo aprendiste? No aprendiste: crees.
Crees, por tanto, amas.

LA BRUJA DE PORTOBELLO

17 Miércoles

18 Jueves

19 Viernes

20 Sábado

21 | Domingo

El sueño tiene sabor de mundo, de romance,
de nuevas aventuras. Por mucho que me resistiese,
sabía que el amor incendia fácilmente el corazón
de una mujer.

A ORILLAS DEL RÍO PIEDRA ME SENTÉ Y LLORÉ

22 Lunes

23 Martes

Toda la sabiduría viene de la misma fuente desconocida,
que normalmente llamamos Dios.

EL ZAHIR

24 | Miércoles

25 | Jueves

26 Viernes

27 Sábado

28 | Domingo

Aun cuando el Amor no aparece, seguimos esperándolo.
En los momentos en los que la soledad parece aplastarlo
todo, la única manera de resistir es seguir amando.

EL MANUSCRITO ENCONTRADO EN ACCRA

29 Lunes

30 Martes

Los profetas no conocen el futuro. Solamente
transmiten las palabras que el Señor les inspira
en el momento presente.

LA QUINTA MONTAÑA

31 | Miércoles

AGOSTO

Fuerza

Había un lenguaje en el mundo que todos entendían.
Era el lenguaje del entusiasmo, de las cosas hechas
con amor y con voluntad, en busca de algo
que se deseaba o en lo que se creía.

EL ALQUIMISTA

1 Jueves

Descubro una fuerza y un coraje cuya existencia
desconocía: me ayudan a aventurarme
por el lado oscuro de mi alma.

EL ZAHIR

2 Viernes

3 Sábado

Saber apreciar y honrar a nuestros oponentes
es una actitud totalmente distinta a la de los aduladores,
la de los débiles o la de los traidores.

ALEPH

4 Domingo

5 Lunes

6 Martes

7 Miércoles

8 Jueves

Es necesario no olvidar que hay momentos
en que la fuerza es más eficaz que la estrategia.

MANUAL DEL GUERRERO DE LA LUZ

9 Viernes

10 Sábado

Era importante dejar vagar el pensamiento sin rumbo,
como las nubes del cielo. De esta forma, la ansiedad
desaparecía del corazón de todos, y conseguían
recuperar la inspiración y la fuerza para el día siguiente.

LA QUINTA MONTAÑA

11 Domingo

12 Lunes

13 Martes

14 | Miércoles

---

15 | Jueves

Hay personas que pasan años dejando que la presión
se acumule en su interior, sin darse cuenta, y un día
cualquier tontería los hace perder la cabeza.

ADULTERIO

16 Viernes

17 Sábado

Cuidado —pensé—. Cuidado con la brecha en la presa.
Si se abre apenas, nada en este mundo
podrá cerrarla.

A ORILLAS DEL RÍO PIEDRA ME SENTÉ Y LLORÉ

18 Domingo

A G O S T O

19 Lunes

20 Martes

21 Miércoles

22 Jueves

Miramos a nuestro alrededor y nos decimos:
«He sobrevivido». Y nos alegramos con nuestras
palabras. Sólo los que no reconocen esa fuerza dicen:
«Me han derrotado». Y se entristecen.

EL MANUSCRITO ENCONTRADO EN ACCRA

23 | Viernes

24 | Sábado

Por eso son guerreros de la luz. Porque yerran.
Porque se preguntan. Porque buscan una razón,
y seguramente la encuentran.

COLUMNA PERIODÍSTICA – EN BUSCA DEL LÍDER PERFECTO

25 | Domingo

26 | Lunes

27 | Martes

28 Miércoles

29 Jueves

La energía del odio no te va a llevar a ningún sitio;
pero la energía del perdón, que se manifiesta a través
del amor, conseguirá transformar positivamente tu vida.

EL ZAHIR

30 Viernes

31 Sábado

Que podamos entender que la sabiduría no está
en las respuestas que recibimos, sino en el misterio
de las preguntas que enriquecen nuestra vida.

EL MANUSCRITO ENCONTRADO EN ACCRA

SEPTIEMBRE

Compromiso

Que sepamos distinguir entre nuestras luchas,
las luchas hacia las que nos vemos empujados en
contra de nuestra voluntad y las que no podemos
evitar porque el destino las puso en nuestro camino.

EL MANUSCRITO ENCONTRADO EN ACCRA

1 Domingo

Un guerrero sabe que tiene defectos.
Pero sabe también que no puede crecer solo,
distanciándose de sus compañeros.

MANUAL DEL GUERRERO DE LA LUZ

2 Lunes

3 Martes

El que está realmente comprometido
con la vida jamás deja de caminar.

ALEPH

4 Miércoles

5 Jueves

6 Viernes

7 Sábado

8 | Domingo

El verdadero Amor permitía que cada
uno siguiese su propio camino, sabiendo que esto
jamás alejaba a las Partes.

BRIDA

9 Lunes

10 Martes

Acepta con sabiduría el hecho
de que el camino está lleno de contradicciones.

COLUMNA PERIODÍSTICA – EKATERINBURG Y NOVOSIBIRSK

Semana 37

11 Miércoles

12 Jueves

13 Viernes

14 Sábado

15 Domingo

Nadie acierta a su objetivo
con los ojos cerrados.

EL DEMONIO Y LA SEÑORITA PRYM

16 Lunes

17 Martes

El hombre descubre que no es solamente
lo que piensa, sino básicamente lo que siente.

LA ESPÍA

18 | Miércoles

19 | Jueves

20 Viernes

21 Sábado

22 | Domingo

Todos tenemos un deber para con el amor: permitir
que se manifieste de la manera que crea mejor.

LA BRUJA DE PORTOBELLO

23 Lunes

24 Martes

Porque un hombre tiene que escoger.
En esto reside su fuerza: en el poder de sus decisiones.

LA QUINTA MONTAÑA

25 | Miércoles

26 | Jueves

27 Viernes

28 Sábado

29 Domingo

Hace mucho que entendí que un guerrero
en busca del sueño se inspira en lo que hace,
y no en lo que imagina que va a hacer.

ALEPH

30 Lunes

El guerrero de la luz sabe que nadie es tonto,
y la vida enseña a todos, aun cuando esto exija tiempo.
Él da lo mejor de sí, y espera lo mejor de los otros.
Además de eso, procura mostrar a todos los demás,
con generosidad, de cuánto son capaces.

MANUAL DEL GUERRERO DE LA LUZ

OCTUBRE

Encuentro

Cuando aceptamos el inevitable encuentro
con otras fuentes, entendemos que eso nos hace más
fuertes, sobrepasamos los obstáculos y llenamos los
vacios en menos tiempo y con mas facilidad.

COLUMNA PERIODÍSTICA - ENTENDIENDO EL RÍO

1 Martes

Creo que el mundo será más feliz si dos personas,
tan sólo dos personas, son más felices.

EL ZAHIR

2 Miércoles

3 Jueves

4 Viernes

5 Sábado

6 Domingo

El Señor es mi pastor. Refriega mi alma,
y me lleva junto a las aguas rebosantes. Y no me dejará
perder el sentido de mi vida.

LA QUINTA MONTAÑA

7 | Lunes

8 | Martes

A menudo oímos hablar de lo que parecen
ser grandes ideas para cambiar el mundo. Pero son
palabras pronunciadas sin emoción, vacías de Amor.
Por muy lógicas e inteligentes que sean, no nos llegan.

ADULTERIO

9 Miércoles

10 Jueves

11 Viernes

12 Sábado

13 | Domingo

Danos la humildad de pedir lo que necesitamos,
Señor, porque ningún deseo es vano y ningún
pedido es fútil.

BRIDA

14 Lunes

15 Martes

Entonces, aceptando la ayuda de Dios y de las Señales
de Dios, deja que su Leyenda Personal lo guíe
en dirección a las tareas que la vida le reserva.

MANUAL DEL GUERRERO DE LA LUZ

16 | Miércoles

17 | Jueves

18 Viernes

19 Sábado

20 Domingo

Las palabras son la vida puesta en el papel.
Así que busca a la gente.

ALEPH

21 Lunes

22 Martes

De las naturalezas diferentes, nace el amor.
En la contradicción, el amor gana fuerza.
En la confrontación y en la transformación,
el amor se preserva.

EL ZAHIR

23 | Miércoles

24 | Jueves

25 Viernes

26 Sábado

27 | Domingo

Es un silencio que habla. Un silencio
que me dice que ya no necesitamos seguir
explicándonos cosas el uno al otro.

A ORILLAS DEL RÍO PIEDRA ME SENTÉ Y LLORÉ

28 Lunes

29 Martes

Todos nosotros tenemos una parte desconocida
que cuando sale a la luz puede hacer milagros.

LA BRUJA DE PORTOBELLO

30 | Miércoles

31 | Jueves

NOVIEMBRE

Expectativa

Si confías en la vida, la vida confiará en ti.

COLUMNA PERIODÍSTICA -
FE EN LA VIDA Y EN LO QUE VENDRÁ

1 Viernes

2 Sábado

3 | Domingo

El futuro se transformó en presente, y todos los sueños
—excepto los que contienen prejuicios— tendrán
oportunidad de manifestarse.

MANUAL DEL GUERRERO DE LA LUZ

4 | Lunes

5 | Martes

No importa cómo te sientas, levántate todas
las mañanas y prepárate para emitir tu luz. Los que
no están ciegos verán tu brillo y se maravillarán con él.

EL MANUSCRITO ENCONTRADO EN ACCRA

6 Miércoles

7 Jueves

8 | Viernes

9 | Sábado

10 Domingo

Cuando alguien parte es porque
otro alguien va a llegar.

EL ZAHIR

11 Lunes

12 Martes

Me da pánico que las cosas cambien,
pero al mismo tiempo siento un gran deseo
de vivir algo diferente.

ADULTERIO

13 | Miércoles

14 | Jueves

15 | Viernes

16 | Sábado

17 Domingo

Ya basta de repetir siempre la misma lección,
no es eso lo que hará que aprendas algo nuevo.

ALEPH

18 Lunes

19 Martes

Y el amor es un camino complicado.
Porque en ese camino las cosas nos llevan al cielo
o nos tiran al infierno.

A ORILLAS DEL RÍO PIEDRA ME SENTÉ Y LLORÉ

20 | Miércoles

21 | Jueves

22 | Viernes

23 | Sábado

24 Domingo

El miedo va hasta donde lo inevitable comienza;
a partir de ahí, pierde su sentido. Y todo lo que
nos queda es la esperanza de haber tomado
la decisión adecuada.

LA QUINTA MONTAÑA

25 Lunes

26 Martes

Los Guerreros preferían el sabor de la lucha
y la emoción de lo desconocido.

EL ALQUIMISTA

27 Miércoles

28 Jueves

29 Viernes

30 Sábado

Respeta a aquellos que te enseñaron.
Cuando llegue el día, cuenta tus historias a los demás,
así la comunidad podrá seguir existiendo
y las tradiciones seguirán siendo las mismas.

EL MANUSCRITO ENCONTRADO EN ACCRA

DICIEMBRE

Superación

El pecado no lo creó Dios, sino nosotros, al intentar
convertir lo que era absoluto en algo relativo.
Dejamos de ver el todo y sólo vemos una parte,
y esa parte está cargada de culpa, normas,
buenos luchando contra malos, todos con la
convicción de estar en lo cierto.

LA ESPÍA

1 Domingo

No te dejaste paralizar por las derrotas que salpican
la vida de todos aquellos que arriesgan algo.
No te quedaste pensando en lo que perdiste cuando
tuviste una idea que no funcionó.

EL MANUSCRITO ENCONTRADO EN ACCRA

2 Lunes

3 Martes

La vida vuelve a ser divertida, porque la apatía
de antes es sustituida por el miedo. ¡Qué alegría
tener miedo a perder una oportunidad!

ADULTERIO

4 | Miércoles

5 | Jueves

6 Viernes

7 Sábado

8 | Domingo

Toda aflicción que llega acaba por irse.
Así sucede con las glorias y las tragedias del mundo.

LA QUINTA MONTAÑA

9 Lunes

10 Martes

Que cuando nuestras piernas estén cansadas,
podamos caminar con la fuerza de nuestro corazón.

EL MANUSCRITO ENCONTRADO EN ACCRA

11 | Miércoles

12 | Jueves

13 Viernes

14 Sábado

15 | Domingo

Ser consciente de la inevitabilidad de la muerte
incrementa nuestras ansias de vivir.

VERÓNIKA DECIDE MORIR

16 Lunes

17 Martes

Si no nacemos de nuevo, si no volvemos a mirar
la vida con la inocencia y el entusiasmo de la infancia,
no tiene sentido seguir viviendo.

A ORILLAS DEL RÍO PIEDRA ME SENTÉ Y LLORÉ

18 | Miércoles

19 | Jueves

20 Viernes

21 Sábado

22 Domingo

Por eso es un guerrero de la luz; porque pasó
por todo eso y no perdió la esperanza de ser mejor
de lo que era.

MANUAL DEL GUERRERO DE LA LUZ

23 Lunes

24 Martes

Los que prometen y no cumplen acaban sintiéndose
impotentes y frustrados, tal como les sucede
a los que se aferran a las promesas.

EL DEMONIO Y LA SEÑORITA PRYM

25 Miércoles

26 Jueves

27 | Viernes

28 | Sábado

29 | Domingo

Detesto el camino de la pérdida,
pero a veces no queda más remedio y hay que
afrontarlo.

COLUMNA PERIODÍSTICA – HUIR O ENFRENTARSE AL DOLOR

30 Lunes

31 Martes

Hay aquellos que prefieren pasar la vida diciendo
«¡Yo no tuve la oportunidad!» Cada día que pase
se hundirán aún más en el pozo de sus propios límites.

EL MANUSCRITO ENCONTRADO EN ACCRA

DICIEMBRE

Nordstrom

Macy's

American Express $25.00 pd.
21006   #55284   in full

American Express pd in full
31002

Chase (Slate) Visa pd in full
1116